Bäume

Vom Mythos alter Bäume

Fotos Mark Döser
Text Günter Kunert
Ellert & Richter Verlag

Inhalt

Von Dryaden und anderen Damen *Günter Kunert*

Ein bekanntes Sprichwort behauptet, man sähe den Wald vor lauter Bäumen nicht, man sei also durch die Details daran gehindert, das Ganze wahrzunehmen. Realerweise ist jedoch das Gegenteil der Fall. Im Walde selber nehmen wir hauptsächlich seine Totalität zur Kenntnis, weniger den einzelnen Baum, der in der Masse seinesgleichen selten seine Individualität erkennen läßt, es sei denn, er stünde solitär an einem bevorzugten Platz, wo er seine Persönlichkeit darbieten könnte. Nur durch seine Abgesondertheit macht er auf sich aufmerksam und kann damit zum Anlaß nachdenklicher Betrachtungen werden. Ich rede aus Erfahrung.

In Berlin nach dem Krieg in einem alten Haus wohnend, blickte ich aus meinem Zimmer in den Hinterhof, wo, wie in vielen Berliner Hinterhöfen, eine Kastanie aufragte. Meine dort war ein ganz besonderes Monstrum, mit der Krone fast an die Regenrinnen reichend, die Äste zu den Fenstern ausreckend, Polypenarmen gleich, als habe das Ungetüm es auf die Hausbewohner abgesehen. Ich muß gestehen, daß mir diese Kastanie unheimlich vorkam, wie ein botanischer Dinosaurier, gierig und unbändig, erfüllt von etwas aggressiv Wesensartigem. Vor mir stand die Schreibmaschine, ich bereit, einen Brief zu schreiben, doch stattdessen fesselte mich der Baum, so daß ich meinen allerersten Text über ihn und seine Bedrohlichkeit, sein unaufhaltsames Wachstum schrieb. Obschon ich weder zu Mystizismus neige noch zu spirituellen Spekulationen – dieser Baum faszinierte mich und rückte mir psychisch derart nahe, als solle diesem Eindruck auch noch die physische Überwältigung folgen. Er hat mich lange beschäftigt, und er ist mir noch heute gegenwärtig, als sei er ein unsterbliches Geschöpf. Seitdem sah ich Bäume auf andere Weise als die gewohnte: das war mehr als Nutzholz, Feuerholz, und ich konnte mir denken, was ein Baum für Menschen bedeutet haben mochte, deren Blickwinkel noch nicht materialistisch eingeschränkt gewesen ist.

Solitärer Obstbaum als Sinnbild:
Grau, teurer Freund, ist alle Theorie, Und grün des Lebens Goldner Baum.

Johann Wolfgang von Goethe, Faust

Die Rosskastanie hat ihre Heimat in den Bergwäldern des Balkans. Etwa ab dem 17. Jahrhundert wurde sie in mitteleuropäischen Parks und Gärten gepflanzt. Im Schlosspark zu Weiler, nördlich Löwensteins (Kreis Heilbronn) steht auf Privatgrund eine viel gerühmte und gut dokumentierte, 300 bis 500 Jahre alte Kastanie mit etwa sieben Meter Stammumfang. Die halbkugelförmige Krone ist heute noch in erstaunlicher Schönheit erhalten.

Die 400 bis 600 Jahre alte Hofeiche am Emmertshof, nördlich der Ausfahrt Neuenstein (Hohenlohekreis) bekommt noch gut Grundwasser und treibt saftig aus. Diese Eichen sind in Süddeutschland eine Seltenheit, weil sie dem Volksmund nach Blitze anziehen.

Vor langen Zeiten, als es noch keine Zeit gab, lebten in den Baumkronen Dryaden, die Baumnymphen, und manche dieser ihrer Behausungen galten als verehrungswürdig, ihre Haine waren heilig und sehr wahrscheinlich Orte der Meditation und des Eingedenkens. Leg' die Hand an die Rinde, du wirst dahinter Leben spüren. Leben, das uns, indem wir es symbolisieren, nicht fremd ist. Die Symbiose von Mensch und Baum wird von vielen Mythen erzählt. Wenn wir den Namen Adonis hören, assoziieren wir diesen mit einem schönen Jüngling, aber sobald wir uns über seine Abkunft kundig machen, stoßen wir sogleich auf die Verbindung von Mensch und Baum, auf die Sage von Myrrha, die von Aphrodite aus Eifersucht zur Liebe zum eigenen Vater verdammt wurde. Als sich der Inzest ereignet hatte, wandte sich Myrrha flehentlich an die Götter, sie von ihrer Verzweiflung zu erlösen, und die Götter, verständnisvoll und hilfreich, verwandelten die leidende Königstochter in einen Myrrhenbaum, dessen Stamm Adonis entsprang. Eine ähnliche Geschichte wird uns von Daphne berichtet, die das Gelübde der Keuschheit abgelegt hatte. Doch Apollon, der „Gott der Schönheit und der Jugend", wie Karl Philipp Moritz schreibt, „entbrannte in Liebe", einer bekannten Floskel zufolge, zu Daphne. Weiterhin heißt es: „Doch als er sie einholte und umarmen wollte", was wohl ein Euphemismus für Vergewaltigung ist, verwandelte Daphnes Vater, der Flußgott Peneios, sie in einen Lorbeerbaum, welcher seitdem Apollon heilig gilt.
Angefangen bei den Dryaden bis zu den deutschen Volkssagen des Mittelalters ist dem Baum das weibliche Element verbunden und damit etwas Heidnisches, Erbschaft des Altertums, so daß die Christianisierung keineswegs allein mit Predigen und Märtyrertum eben der Prediger begann, sondern mit der rabiaten Vernichtung von Bäumen und Hainen, die der paganen Bevölkerung noch für sakral galten. Tatsächlich rottete die frühe Kirche, was sie für Aberglauben hielt, „mit Stumpf und Stiel" aus, was den Zerstörungsvorgang sprachlich erkennen läßt; eine Metapher, die wir, jeden Waldfrevel unter Strafe stellend, unbewußt immer noch benutzen.

Herbstlicher Nebelwald mit einfallenden Sonnenstrahlen. Waldgebiet bei Waldburg/Allgäu.
Seit Menschengedenken geht vom Wald eine geheimnisvolle und Ehrfurcht einflößende Stimmung aus. Die Kult- und Gerichtsstätten der Germanen wurden stets in Wäldern errichtet.

In den mittelalterlichen Erzählungen wird berichtet, daß, sobald einer jener Urbäume gefällt wurde, ein Stöhnen und Seufzen durch den Wald gegangen sei, wobei übrigens jene gefällten Riesen als weibliche Wesen angesehen wurden. Ob das noch ein unbewußter Nachhall der Antike gewesen ist, läßt sich kaum entscheiden. Auf jeden Fall sind Wachstum und Gestalt als Femininum empfunden worden. Abgesehen von den oftmals auffälligen Spalten, deren vaginale Ähnlichkeit nicht zu übersehen ist, resultiert vermutlich die Betonung der weiblichen Komponente aus der Fruchtbarkeit des Baumes, aus der Fähigkeit, Früchte entstehen zu lassen, Knospen zu zeigen, Triebe und Ableger. Wie viele Redewendungen in unserer Sprache beziehen sich auf den Baum. Wir „stammen" alle von derselben afrikanischen Urmutter ab, unser „Stammbaum" reicht also weit zurück, „verzweigt" sich vielfach und endet (manchmal) am „Stammtisch". Nehmen Sie den nächsten „Abzweig" zur „Zweigstelle" des „Stammhauses". Und da hinten „verästeln" sich die Wege, und es ist sinnlos, falls man sich verirrt, sich dagegen „aufzubäumen". Falls man nicht in seinem Volk „verwurzelt" ist, ist man halt ein „wurzelloser" Intellektueller oder als Flüchtling „entwurzelt" worden: da gibt es dann kein „Back to the roots" mehr, und man sitzt „zwischen Baum und Borke".

Vor noch nicht allzu langer Zeit war das „Stammbuch" der Ausweis „arischer Abstammung", sozusagen die Lebensbescheinigung, durch welche man der Vertreibung oder Ermordung entging. Das Stammbaum-Prinzip stammt natürlich aus der Aristokratie und war auf Schautafeln feinsäuberlich aufgezeichnet. Je höher der Baum, je umfangreicher die Verästelung der gleichnamigen oder gleichartigen Generationen, desto stolzer durfte man von der höchsten Höhe des obersten Zweiges auf die niedriger Geborenen schauen, sprich: herabblicken. Auch das ein mythisches Gebilde, das über den Wert der Früchte oder gar Früchtchen nichts aussagte. Im übrigen wurden Stammbäume selbstverständlich auch gefälscht, um sich eine exquisite Herkunft zu bescheinigen. Und die römischen Herrscher pflegten ihre Abstammung sowieso von Göttern und Heroen abzuleiten.

Tiefgeschnittene und zerfurchte Rinde eines mächtigen Stammes einer Silberweide am Südrand der Achalm bei Reutlingen am Fuße der Schwäbischen Alb.

Erste Sonnenstrahlen bahnen sich einen Weg durch den Morgennebel. Bei Waldburg im Allgäu.
In vielen Religionen unserer Vorfahren wurden Bäume als Gottheiten verehrt.

Des Menschen Glaube, Besinnung und Gebet standen schon seit jeher in enger Verbindung mit alten, ehrwürdigen Bäumen. Diese zwei älteren Linden wirken wie Verbindungsglieder zwischen dem menschlichen Glauben, seinen Gebeten auf der Erdseite und dem göttlichen Himmel.

In adligen Wappen bezeugt das Abbild des Baumes nicht allein das „angestammte" Geschlecht des Grafen, Fürsten oder Barons, es symbolisiert ebenso die enge Bindung an den Bereich, als dessen Eigentümer man sich betrachtete. Man war halt vom Stamme der Bajuwaren oder einer anderen deutschen Ethnie, die unter solcher völkerkundlichen Bezeichnung damals noch nicht auftauchte.

Wegen der engen und langen symbolischen Symbiose von Mensch und Baum erhielten sich die Mythen und Legenden trotz aller gesellschaftlichen Veränderungen, wenn auch in den Umständen jeweils angepaßter Form. Bei den Kelten und bei den Germanen nahm der Baum eine Sonderstellung ein. Der heiligste Baum der Germanen war Yggdrasil, die immergrüne Weltesche, deren Zweige sich nach dem Glauben unserer Urahnen über Himmel und Erde ausbreiteten; den Wurzeln entsprangen drei Quellen, Midgard, Utgard und Niflheim, die Unterwelt, miteinander verbindend. Der Sage nach lebten dort die Nornen, umgestaltete Dryaden, wie mir scheint, die den Baum bewachten. Und hier muß man wohl zitieren: „Das endgültige Welken des Baumes, der ansonsten immer wieder neu ergrünte, sollte den Beginn der Götterdämmerung ankündigen ..." Ein drohendes Gleichnis, ins Neudeutsche zu übersetzen mit: Erst stirbt der Baum, dann der Mensch. Denn an die Stelle der Götter sind längst die göttergleichen Menschen getreten, denen von ihrer Schicksalsverbundenheit mit ihrem, sie vor dem Kohlendioxid bewahrenden Beschützer erst in unserer Epoche eine Ahnung aufgekeimt ist.

Freilich: das Christentum machte mit den heiligen Bäumen und Hainen Tabula rasa und fällte alles, was der frühen Kirche heidnisch und ketzerisch erschien. Der einzige nennenswerte, obgleich nur als Abstraktum existierende Baum war der der Erkenntnis. Doch selbst dieser trug eine gewisse moralische Schuld am Scheitern des ersten Paares, indem Eva, der ferne Schatten einer Nymphe, durch die Schlange veranlaßt, Adam mit dem Apfel verführte.

Unmittelbar neben einer landschaftlich sehr reizvoll und ruhig gelegenen, zur inneren Einkehr einladenden Kapelle bei Frankenbrunn in der bayrischen Rhön stehen zwei alte Linden, einen steinernen Altar flankierend. Eine dieser Linden präsentiert dem staunenden Betrachter ihr besonders knorriges Wurzelwerk.

Das Christentum verkehrte ja das gesamte mythische Personal der Antike ins Gegenteil, unter dem Zeichen des Kreuzes, eines astlosen, kahlen, menschenmörderischen Baumreliktes. Pan war zwar tot, aber die althergebrachten Figuren lebten in frömmelnder Verkleidung weiter.

„Der Baum der Erkenntnis" produzierte nicht bloß Äpfel, sondern auch ein historisch weitreichendes Mißverständnis, denn er wurde der sexuellen Aufklärung geziehen, wovon in der Bibel kein Wort steht. Gottes Verbot bezog sich auf die Furcht, daß, wer von dem Baum aß, so werde „wie wir" – Pluralis Majestatis, also Majestätsbeleidigung befürchtet wurde, und die Erkenntnis bestand in Erkenntnis einer einzigen Wahrheit: der Moralität, dessen, was gut und böse wäre. Das sexuelle Tabu, das angeblich überschritten wurde, ist eine spätere Zutat, vielleicht dadurch bedingt, daß die Bildende Kunst dem Pärchen die Geschlechtsteile mit Feigenblättern bedeckte, weil es erkannt hatte, daß es nackt war, eben unterscheidbar. Die Leibfeindlichkeit des frühen Christentums entzog der Natur jegliche Eigenständigkeit, indem sie Gottes Werke erniedrigte. Und wer sich der Natur verhaftet fühlte, wie vor allem Frauen, deren Naturkontakt enger als jener der Männer gewesen ist, galt der Kirche als suspekt. So wurden die Nymphen zu Hexen, und die Märchen warnten vor den „Wilden Weibern", die in den Wäldern es auf allein daherkommende Männer und Jünglinge abgesehen hatten. (Noch in Andersens Märchen von der Nixe steckt die Verurteilung der Quellnymphe, der Najade, deren Liebkosungen aber, wie Moritz schreibt, gefährlich waren.)

Die Hamadryade bewohnte allein ihren einzigen Baum, heißt es, mit dem sie geboren ward und starb. „Wer einen solchen Baum erhielt, dem dankte die Nymphe ihr Leben. – So ward selbst die leblose Natur ein Gegenstand des teilnehmenden Wohlwollens der Sterblichen." Derlei Gemeinschaft vertrug sich selbstverständlich nicht mit dem Totalitätsanspruch der Ecclesia militans. Mit der rabiaten Forderung „Macht euch die Erde untertan" wurde die Natur domestiziert und zugleich die Natur der Frau.

Neues Leben entspringt aus Altem. Der 700 bis 1000 Jahre alte Stamm der sagenumwobenen Tassilolinde bei Wessobrunn in Bayern bietet einem zarten Pflänzchen Lebensraum und Schutz.

Als geradezu groteskes Überbleibsel der einstmals mächtigen heiligen Bäume ist uns jährlich ein kurzfristiger Besucher zugestanden: der Weihnachtsbaum. Wobei seine mythische und mystische Bedeutung nahezu verloren gegangen ist, denn beim Kerzenschimmer und Gänsebraten denkt die festliche Runde eher an die teuren, möglicherweise allzu teuren Geschenke und seltener an die Geburt Christi, an die ja eigentlich erinnert werden soll. Ein gemütserwärmendes Ausstattungsstück für einige Tage ist der Weihnachtsbaum, meinetwegen auch Christbaum, geworden, und inzwischen soweit von seiner Funktion als an Heiliges Gemahnendes entfernt, daß wir Weihnachtsbäume selbst in Ländern treffen, wie etwa in Japan, wo es bekanntlich nicht übermäßig viele Christen gibt. Auch der Weihnachtsmann, Santa Klaus, zieht seine globalisierte Bahn und schenkt uns Coca Cola gegen eine kleine Gegengabe.
Müssen wir nun den mythischen Baum, das ehedem menschliches Denken und Fühlen beeindruckende Symbol „zu den Akten" legen? Wo finden wir ihn noch, der zwar, wie wir wissen, nicht in den Himmel wächst, aber doch weit über unsere kurzfristige Existenz hinaus zu dauern vermag? Die Mammutbäume im „Redwood Empire", jenseits der Bucht von San Francisco, harren aus, trotz Luftverschmutzung und Klimawandel. Ein Querschnitt durch einen gefällten Stamm erzählt uns Geschichte. Als dieser Baum schon den Pazifik sah, wurden die Wälder rund ums Mittelmeer als Bauholz verwendet, hatten die heiligen drei Könige noch keinen Stern erblickt, zog Sylvan, der Gott der Wälder, einen Zypressenzweig in der Hand, durch die Reste seines Reiches. Aber wie lange die Giganten an Kaliforniens Küste noch Besucher empfangen werden, ist ungewiß. Die Götterdämmerung ist längst eingetreten. Und wenn wir noch etwas von der Wesenshaftigkeit der Bäume zu erkunden suchen, müssen wir uns an die Kunst halten, die ja, wie stets, das letzte Residuum verschwundener Größe ist und bleibt.
Allein die Kunst bewahrt, was von der Vergänglichkeit betroffen ist, nicht zuletzt den Baum als ein über sich hinauswachsendes Mal, gar Mahnmal, das wir zu entschlüsseln aufgerufen sind. So lesen wir in einer Betrachtung über den Stürzenden Baum von Ernst Ludwig Kirchner: „Den Baum fällen, das ist eine nüchterne Tat. Der stürzende Baum aber verbreitet Grauen. Der Blick der Holzfäller weitet sich im Grauen … Sie ist das kurze lähmende Bewußtwerden der Not – der Not des Menschen, von dem das Leben in der Natur zerstört wird, und ist die Not der außer-

Ein etwa 200 Jahre alter
Bergahorn bei Bergatreute
in Baden-Württemberg
streckt seine Äste weit
nach den Wolken aus.
Ein Sinnbild für den Baum
als Mittler zwischen Irdi-
schem und Himmlischen.

menschlichen Natur, die ihr Leben dem Menschen opfert." (Lothar Schreyer) Selbst noch in den Filmausschnitten vom Baumfällen spüren wir etwas, das einer Tötung gleicht: wenn unter der Motorsäge der Baum sich zur Seite neigt und immer schneller und krachend zwischen seinesgleichen fällt. Zumindest ein Unbehagen läßt sich bei solchem Anblick nicht unterdrücken. Unsere Menschenschuld, der wir unfreiwillig verfallen sind, macht sich emotional bemerkbar. Denn mit dem Baum geht auch etwas von uns selber, etwas von unserem Ich zugrunde. Was da stolz und ungehindert sich über uns erhoben hat, ein autonomes Dasein, unterliegt jenem Zwang, der uns eingeboren scheint und zu der uns eigenen „Natur" gehört, der wir blindlings und selbstzerstörerisch folgen. Insofern ist unser Verhältnis zum Baum, gleich welcher Gattung er sei, kein rein dem Zweck unterworfenes. Er, der Baum, ist, wie viele Überlieferungen es künden, stets unser Partner gewesen; er war vor uns auf Erden und wird es vermutlich auch nach uns sein. So wenig wie uns, ist ihm Ewigkeit garantiert, aber mit Sicherheit wird er uns überleben.
Noch der junge Bertolt Brecht, ein, wie wir wissen, kaum zur Metaphysik neigender Dichter, identifiziert sich in der „Morgendlichen Rede an den Baum Green" mit seinem, ja, man könnte sagen: Idol, da er schreibt: „Es war wohl keine Kleinigkeit, so / hoch heraufzukommen zwischen den / Häusern / So hoch herauf, Green, daß der / Sturm so zu ihnen kam wie heute / nacht?"
Ein Nachhall oder Nachklang jener numinosen Beziehung zwischen unterschiedlichen Geschöpfen, von denen nur das eine sich im anderen widerzuspiegeln vermag. Auf merkwürdige Weise erlebt (oder erleidet) der Baum seine Renaissance als dem Menschen zugeordneter Begleiter, freilich fern seiner einstigen mythischen Existenz. Wie in unserer Welt alles und jedes entseelt und auf irgendeine Zweckdienerschaft heruntergebracht wird, so hat man sich nun den Baum ebenfalls untertan gemacht, in geradezu grotesker Art. Ein Versandhaus wirbt für „Baumgesichter", und greift dabei in den Fundus der Archaik, denn da heißt es: „So verzaubern Sie die Bäume in Ihrem Garten in geheimnisvolle Wesen aus dem Märchenwald. Es ist frappierend, wie echt Augen, Nase und Mund wirken, gerade so wie aus echtem Holz geschnitzt. Und wie die Rinde anmutende Akzente verstärken diesen Eindruck dekorativ. Aus Kunstharzguß, von Hand bemalt ..." Die Dryaden sind auferstanden, von Hand bemalt, aus Kunstharzguß, auf daß unsere psychische Verödung ein kleines bißchen reanimiert werde.

Bäume der Kindheit

Die Anna-Buche auf der „Jägerslust“ in Bopfingen-Oberdorf/Ostalb im Maienkleid. Häufig wachsen bei Buchen aus einem Wurzelstock mehrere Stämme empor, die bei starkem Wind aneinander reiben und laut knarren. Diese unheimlichen Geräusche führten im Volksmund zur Entstehung mancher Spukgeschichte und Sage.

Es ist nicht das weite Land, darin er wohnt, bei dem er den Lenz gelernt hat; es ist ein enger Garten, von dem er alles weiß, sein Garten, seine stille, blühende und wachsende Wirklichkeit, in der alles von seiner Hand gesetzt und gelenkt ist und nichts geschieht, was seiner entbehren könnte. Die kleinste Blume, die da entstand, hat er zur Taufe gehalten und jeder Rose hat er die Mauer hinaufgeholfen zu dem Platze, wo sie lächeln und leben wollte … Seiner Bäume Kindheit hat er Tag für Tag überwacht und hat teilgenommen an ihnen wie an Brüdern. Darum liebt er die großen Winde dieses Landes, weil sie sich wie Hände an seine Bäume legen und das, was er geplant hat, bilden und biegen in den bewegten Nächten des Frühlings, wenn die Stämme, steigender Säfte voll, wie Fontänen stehen im Sturme. Und der weite Himmel ist ihm lieb, weil er seiner kleinen Blumen Licht und Regen ist und der Glanz auf den Blättern seiner Bäume und in den Fenstern des weißen Hauses, das mitten im Garten steht.

Rainer Maria Rilke

Diese Stieleiche mit golden glänzendem Herbstlaub steht auf der Anhöhe einer kleinen Heidelandschaft bei Lauchheim-Röttingen/Ostalbkreis. Eine einfache Sitzbank mit dem knorrigen Stamm im Rücken lädt zur Besinnung und zum Ausblick über die Landschaft ein.

Die Winterlinde in Wiesenbach im Kreis Schwäbisch Hall soll eine Hoflinde gewesen sein. Doch der Hof, zu dem sie gehörte, wurde während des Dreißigjährigen Krieges (1618–1648) verlassen.

Weitere drei Jahrhunderte vorher, im Jahr 1350, soll die uralte Linde in den Hohenloher Lebensbüchern erwähnt worden sein. Unter diesen Umständen wäre sie womöglich eine echte „Tausendjährige“. Sie ist mit knapp über zehn Metern Stammumfang eine dendrologische Kostbarkeit.

Blätter, die sich im Frühjahr noch im saftigen Grün gen Himmel streckten, finden sich im Herbst am Fuße ihres Baumes wieder, um ihm auch noch dort dienlich sein zu können. Sie verbinden sich mit dem Erdreich zu wachstumsförderndem mineralreichen Humus. An diesem Beispiel zeigt sich besonders deutlich: „Nichts in der Natur ist sinnlos – auch nicht der Tod!“

König Ludwig I. von Bayern (1786–1868) stellte die alten Eichen im Staatsbad Brückenau unter besonderen Schutz. Unter seiner hier abgebildeten Lieblingseiche, die früher auch „Stolze Eiche“ hieß und heute nach ihm benannt ist, brachte Ludwig viele schöne Mußestunden zu. Dort schrieb er im Juli 1840 das Gedicht „Unter der großen Eiche im Bad Brückenau“. Die 350 bis 450 Jahre alte Stieleiche misst einen Stammumfang von knapp über sieben Meter. Im Jahr 1901 war der Umfang noch 5,33 Meter stark, was den Rückschluss auf ihr Alter erlaubt.

Die Eichbäume

Aus den Gärten komm' ich zu euch, ihr Söhne des Bergs!
Aus den Gärten, da lebt die Natur geduldig und häuslich,
Pflegend und wieder gepflegt mit dem fleißigen Menschen zusammen.
Aber ihr, ihr Herrlichen! steht wie ein Volk von Titanen
In der zahmeren Welt und gehört nur euch und dem Himmel,
Der euch nährt' und erzog, und der Erde, die euch geboren.
Keiner von euch ist noch in die Schule der Menschen gegangen,
Und ihr drängt euch fröhlich und frei, aus der kräftigen Wurzel,
Untereinander herauf und ergreift, wie der Adler die Beute,
Mit gewaltigem Arme den Raum, und gegen die Wolken
Ist euch heiter und groß die sonnige Krone gerichtet.
Eine Welt ist jeder von euch, wie die Sterne des Himmels
Lebt ihr, jeder ein Gott, in freiem Bunde zusammen.
Könnt' ich die Knechtschaft nur erdulden, ich neidete nimmer
Diesen Wald und schmiegte mich gern ans gesellige Leben.
Fesselte nur nicht mehr ans gesellige Leben das Herz mich,
Das von Liebe nicht lässt, wie gern würd' ich unter euch wohnen!

Friedrich Hölderlin

Auf einer der höchsten Erhebungen der Gemeinde beim Weiler Zundelbach in der Nähe des oberschwäbischen Weingarten steht die Zundelbacher Linde, im Volksmund liebevoll „Lindele“ genannt. Der Platz um das Naturdenkmal bietet eine hervorragende Aussicht über die Umgebung.

Die „Dicke Eiche“ in Reith bei Oberthulba, Kreis Bad Kissingen, mit mächtigem Stamm und besonders knorrigen Verästelungen lädt zum besinnlichen Verweilen ein. Sie streckt ihre Arme lichthungrig gegen die Sonne.

Am Dorfrand von Frauenroth bei Burkardroth im Kreis Bad Kissingen steht diese beeindruckende Hutebuche, die jedes Jahr zum Hutebuchenfest gefeiert wird. Dort versammelt sich dann die Dorfgemeinde um den Baum.

Sag ichs euch, geliebte Bäume

Sag ichs euch, geliebte Bäume?
Die ich ahndevoll gepflanzt,
Als die wunderbarsten Träume
Morgenrötlich mich umtanzt.
Ach, ihr wisst es, wie ich liebe,
Die so schön mich wiederliebt,
Die den reinsten meiner Triebe
Mir noch reiner wiedergibt.

Wachset wie aus meinem Herzen,
Treibet in die Luft hinein,
Denn ich grub viel Freud und Schmerzen
Unter eure Wurzel ein.
Bringet Schatten, traget Früchte,
Neue Freude jeden Tag;
Nur dass ich sie dichte, dichte,
Dicht bei ihr genießen mag.

Johann Wolfgang von Goethe

An einem Waldrand in der Nähe von Bischofsheim in der bayrischen Rhön steht diese alte Stieleiche, die in der Region als Geissruheiche bekannt ist. Der Name der Eichen leitet sich von der alten nordischen Bezeichnung Eik ab, welche früher allerdings noch für alle Bäume galt. Auch heute steht die Eiche stellvertretend für alle Bäume für Stärke und Ewigkeit und ist deshalb ein beliebtes Wappen- und Abzeichenmotiv.

Diese zwei- bis dreihundertjährige „Hildegardlärche“ oberhalb von Sipplingen am Bodensee beeindruckt mit ihrem Stammumfang in dem sie umgebenden Wald.

Genesis 2,8–9

Gott pflanzte einen Garten in Eden,
im Osten, und setzte dahinein den
Menschen, den er gebildet hatte. Und
Jahwe Gott ließ aus dem Erdboden
allerlei Bäume hervorwachsen,
lieblich anzusehen und gut zu essen,
den Baum des Lebens mitten im Garten
und den Baum der Erkenntnis
des Guten und Bösen.

Die urigen und völlig naturbelassenen Eiben des „Paterzeller Eibenwaldes" in Bayern zeigen sich auch heute geheimnisumwittert und von „Geistern" belebt. Beim Wandern durch den dunklen Wald spürt man allzeit ihre Präsenz und fühlt sich regelrecht von unsichtbaren Augen beobachtet. Eine seltsam beeindruckende bis beklemmende Stimmung ergreift den Wanderer, der beinahe erleichtert ist, wieder die helle Umgebung außerhalb des Waldes erreicht zu haben. Aber es bleibt ein intensives und unvergessenes Naturerlebnis.

Eine ausladende alte Eiche. In alten Mythen, Sagen und Religionen war die Eiche ein heiliger Baum und oft einer bestimmten Gottheit geweiht. Häufig waren dies blitztragende oder Wettergötter, wie Zeus in Griechenland, Jupiter bei den Römern oder Thor bei den Germanen.

Die Buche

Die Buche sagt: Mein Walten bleibt das Laub.
Ich bin ein Baum mit sprechenden Gedanken,
mein Ausdruck wird ein Ästeüberranken,
Ich bin das Laub, die Krone überm Staub.

Dem warmen Aufruf mag ich rasch vertraun,
Ich fang im Frühling selig an zu reden,
Ich wende mich in schlichter Art an jeden.
Du staunst, denn ich beginne rostigbraun!

Mein Waldgehaben zeigt sich sommerfroh.
Ich will, daß Nebel sich um Äste legen,
Ich mag das Naß, ich selber bin der Regen.
Die Hitze stirbt: ich grüne lichterloh!

Die Winterspflicht erfüll ich ernst und grau.
Doch schütt ich erst den Herbst aus meinem Wesen.
Er ist noch niemals ohne mich gewesen.
Da werd ich Teppich, sammetrote Au.

Theodor Däubler

Die Landschaft zwischen der bayrischen Rhön und Vogelsberg (Kreis Bad Kissingen) nannte man im Mittelalter auch „Buchonia" – das Land der Buchen. Überall dort erstreckten sich ausgedehnte, unberührte Buchenwälder. In diesem reizvollen Biosphärenreservat steht eine etwa 300 Jahre alte Waldbuche mit über sieben Metern Stammumfang.

Wurzel einer Hutebuche in der Rhön.
Die dünne Rinde der jungen Zweige ist anfangs dunkelgrün und glatt, aber schon nach wenigen Wochen wird sie heller. Äste und Stamm sind meist hellgrau und übersät mit jahrzehntelang sichtbaren Narben abgefallener Zweige. Weitere Spuren in der Rinde des Baumes entstehen durch das Dickenwachstum seines Stammes und seiner Äste, wobei sich feinste Längsrisse bilden. Der absterbende Kork zerfällt zu feinem Staub, der am Stamm haftet und bildet am Stammfuß eine grobe und rissige Borke aus.

Diese Linden einer Lindenallee am Aufgang zum Ipf, einem Zeugenberg am Fuße der Ostalb, zeigen sich offensichtlich stärkeren Erdkräften ausgesetzt. Die teilweise fast waagerechte Wuchsrichtung ihrer Äste in Bodennähe zeugen davon. Der markante sonst fast baumlose Ipf war, der Deutung neuerer Ausgrabungen in der nächsten Umgebung zufolge und aufgrund der heute noch gut nachvollziehbaren Befestigungswälle am Berg, wahrscheinlich Sitz einer keltischen Befestigungsanlage.

Noch heute dient das von saftigen Wiesen bestimmte Umfeld der Zundelbacher Linde den Kühen als gernbesuchter Weideplatz.

An der B 27 in der Nähe von Untererthal zwischen Hammelburg und Bad Brückenau stößt man auf diese, nach Schätzungen bis zu 600 Jahre alte „Dicke Ääche“. Diese Eiche steht seit 1936 als Naturdenkmal unter Schutz. Obwohl sie völlig hohl und wahrscheinlich aufgrund eines Blitzeinschlags irgendwann einmal ausgebrannt war, treibt sie noch an einigen Ästen alljährlich lustig aus.

Brief an eine Freundin

Ich habe eine besondere Liebe zu den Bäumen, und lasse nicht gern einen wegnehmen, nicht einmal gern verpflanzen. Es hat so etwas Trauriges, einen armen Baum, von der Umgebung, in der er viele Jahre heimisch geworden war, in eine neue, und in neuen Boden bringen, aus dem er nun, wie unwohl es ihm werden mag, nicht mehr heraus kann, sondern, langsam schmachtend, sein Ausgehn erwarten muss. Überhaupt liegt in den Bäumen ein unglaublicher Charakter der Sehnsucht, wenn sie so fest und beschränkt im Boden stehen, und sich mit den Wipfeln, so weit sie können, über die Grenzen der Wurzeln hinausbewegen. Ich kenne nichts in der Natur, was so gemacht wäre, Symbol der Sehnsucht zu sein. Im Grunde geht es dem Menschen, mit aller scheinbarer Beweglichkeit, eben nicht anders. Er ist, wie weit er herum schweifen möge, doch auch an eine Spanne des Raumes gefesselt. Bisweilen kann er sie gar nicht verlassen, und das ist oft der Fall der Frauen, sondern derselbe kleine Fleck sieht seine Wiege und sein Grab, oder er entfernt sich, aber es zieht ihn Neigung oder Bedürfnis immer von Zeit zu Zeit wieder zurück, oder er bleibt auch fortdauernd entfernt, und seine Gedanken und Wünsche sind doch dem ursprünglichen Wohnsitz zugewandt.

Wilhelm von Humboldt

Ein Bergahorn im Herbstkleid am Schwarzenberg am Ende des Hintersteiner Tals in den Allgäuer Alpen. Diese Region ist bekannt für ihren Bestand an älteren, freistehenden Bergahornbäumen.

Diese etwa 300 Jahre alte „Urbuche“ steht an einem Waldstück oberhalb von Mitgenfeld in der bayrischen Rhön. Ihr Stamm ist zweigeteilt. Von ihrem Stand aus hat man einen weiten Ausblick auf die umgebende Landschaft. Die Buchen waren mit der germanischen und keltischen Mythologie eng verwoben. Ihr botanischer Name Fagus bedeutet im Keltischen „großer Waldfaun“.

Herbsttag

Herr: es ist Zeit. Der Sommer war sehr groß.
Leg deinen Schatten auf die Sonnenuhren,
und auf den Fluren laß die Winde los.

Befiehl den letzten Früchten voll zu sein;
gieb ihnen noch zwei südlichere Tage,
dränge sie zur Vollendung hin und jage
die letzte Süße in den schweren Wein.

Wer jetzt kein Haus hat, baut sich keines mehr.
Wer jetzt allein ist, wird es lange bleiben,
wird wachen, lesen, lange Briefe schreiben
und wird in den Alleen hin und her
unruhig wandern, wenn die Blätter treiben.

Rainer Maria Rilke

Obstwiese mit blühenden Apfelbäumen:

Gott, wir bitten dich,
der du die Frucht
dieses Baumes
durch deine Vorsehung
hast wachsen lassen,
segne und heilige
diesen Baum,
damit die, die seine
Früchte pflücken,
gesund bleiben.

Segenswunsch

Die Tassilolinde

Die Tassilolinde an der Klostermauer in Wessobrunn wurde benannt nach dem Bayernherzog Tassilo III., der sich der Überlieferung nach unter diesem Baum von der Eberjagd im Rottwald zwischen Ammer und Lech ausruhte. Im Schlaf erschien ihm der Apostel Petrus und er gründete ihm zu Ehren bald darauf das Kloster Wessobrunn. Obwohl die Entstehungsgeschichte historisch anders überliefert ist, hält die mächtige Winterlinde die Legende lebendig. Prunkvolle Gemälde, das berühmte Wessobrunner Gebet und der farbenfrohe Tassilosaal im ehemaligen Benediktinerkloster erinnern an den Herzog, um dessen Person sich viele Sagen ranken.

Die sagenhafte, etwa 700 bis 1000 Jahre alte Tassilolinde steht frei an einem Wiesenhang. Sie scheint unsterblich zu sein, ihre Erneuerungskraft hat dafür gesorgt, dass sich das tote Kernholz im Stamminneren wieder mit neuer Rinde überzogen hat.

Ein Bergahorn beim Anstieg vom Hochgrat in den Allgäuer Alpen. In dieser Region sind altehrwürdige Baumveteranen, wie Eiben und Bergahorn, keine Seltenheit.
In der Volksmedizin gelten die Blätter des Ahorns bei allen Wunden als heilkräftig, sie werden traditionell am 24. Juni gepflückt, getrocknet und mit kochendem Wasser begossen.
In Oberbayern glaubt man, durch das Begießen der Wurzeln mit Wein gehe ein Wunsch in Erfüllung und recht fette Ahornblätter wiesen auf eine reiche Ernte hin.

Die geschichtsträchtige Winterlinde am südlichen Ortsrand von Leipheim an der Donau hat wohl 600 Jahre lang dem Wechsel der Jahreszeiten standgehalten. Ihre Schönheit und Lebenskraft trotzte sogar einem Brand im Jahr 1979 und dem Jahrhundertorkan „Lothar“ im Jahr 1999.

Heute gipfelt der monumentale Stamm der Winterlinde in einer Krone von gut 30 Meter Durchmesser. Das „Deutsche Baumarchiv" trägt das Bild der Linde mit goldenem Herbstlaub in seinem Logo.

Der Lindenbaum

Am Brunnen vor dem Tore
Da steht ein Lindenbaum.
Ich träumt in seinem Schatten
So manchen süßen Traum.

Ich schnitt in seine Rinde
So manches liebe Wort,
Es zog in Freud und Leide
Zu ihm mich immer fort.

Ich mußt auch heute wandern
Vorbei in tiefer Nacht,
Da hab ich noch im Dunkel
Die Augen zugemacht.

Und seine Zweige rauschten,
Als riefen sie mir zu:
Komm her zu mir Geselle,
Hier findst du deine Ruh!

Die kalten Winde bliesen
Mir grad ins Angesicht,
Der Hut flog mir vom Kopfe,
Ich wendete mich nicht.

Nun bin ich manche Stunde
Entfernt von jenem Ort,
Und immer hör ich's rauschen:
Du fändest Ruhe dort!

Wilhelm Müller

Kreuz, Kapelle, Lindenbaum: Diese drei Begriffe projizieren nicht nur den christlichen Glauben im Mittelpunkt einer dörflichen Gemeinschaft, sondern stehen schlechthin für zentrales menschliches Zusammensein, wie Leben, Tod, Wiederauferstehung und Erneuerung, wie Erlösung, Liebe, Frieden und Gerechtigkeit.

Diese Eibe oberhalb Balderschwang im Allgäu gelegen, gilt wohl als das älteste Lebewesen Deutschlands! Ihr Alter wird auf mindestens 1000 Jahre geschätzt! Eine Hinweistafel am Ort beziffert ihr wahrscheinliches Alter sogar auf 2000 Jahre! Der Standort der Eibe auf einer Almwiese in einer Höhe von knapp 1200 Metern lädt zum Verweilen ein und bietet einen wunderschönen Blick hinunter ins Balderschwanger Tal und zu den südlich gelegenen Alpengipfeln.

Ein Ausschnitt des zweigeteilten Stammes der Balderschwanger Eibe, der die Altersschrunden zeigt. Das knorrige Aussehen der Eiben brachte ihnen den Ruf als Zauber- oder Mythenbaum ein, sie zu fällen bedeutet dem Volksglauben nach Unglück.

Auf dem Weg von Bergatreute nahe Bad Wurzach, Kreis Ravensburg/Oberschwaben, steht dieser etwa 200 Jahre alte Bergahorn mit einer wunderschönen Baumkrone. Nach Überlieferungen aus dem Volksglauben bietet der Ahorn einen wirksamen Schutz gegen Hexen. Dazu werden Türen, Fenster und Stuben mit Ahornzweigen geschmückt, dieses Ritual soll außerdem auch vor Blitzschlag schützen.

Diese schön gewachsene
Buche in Schönderling in
der bayrischen Rhönland-
schaft mit ihrem mächtigen
Stamm und voller Krone
steht auf Privatgrund.
Ihr Alter wird auf gute
400 Jahre geschätzt.

Wiener Genesis aus dem 11. Jahrhundert

Dann pflanzte Gott einen Baumgarten,
der war ganz wunderbar
und er nannte ihn Paradies.
Darein setzte er Adam
Und hieß ihn drin arbeiten.
Es gab Obst aller Art in Fülle,
das wuchs dort
in jedem Monat.
Die Früchte wechseln einander ab,
kein Reif lässt sie erfrieren,
kein Wind weht sie herunter,
keine Hitze trocknet sie aus,
kein Schnee schadet ihnen,
weder den Lilien noch den Rosen …

Dieser Garten liegt im Osten der Welt,
das tiefe Weltenmeer umgibt ihn,
hohe Berge sind davor.
Der Garten liegt so hoch,
daß der Mond bei ihm vorbeiwandert.

Im Zentrum vieler Orte stand früher eine Dorflinde, die als Treffpunkt der Einwohner diente und unter der Tanzfeste veranstaltet und Brautschauen eröffnet wurden.
Diese Sommerlinde, an der Ortsdurchfahrt von Hohenbodman, nördlich Überlingen gelegen, treibt trotz zurückliegenden Wurzelschäden aus den 1980er Jahren, einem hohlen Stamm und Baumsanierungsmaßnahmen aus jüngerer Zeit alljährlich immer wieder mit neuer Energie aus.

Die Linde

Warst so schön, breitwipfligter Baum,
Als dir schwollen die Knospen,
Als du Blütendüfte verhauchtest;
Warst so schön!

Dich umsummt' im Lenzabend der Käfer,
Geflügelte Ameisen schwärmten
Wie Mittagswölkchen, die die Sonne
Versilbert, um deinen Blütenzweig.

Die Blüte fiel; da warst du grün
Und stärktest mein Auge,
Das, ans falsche Dunkel meines Kerkers
Gewöhnt, blinzt' im Sonnenstrahl.

Und nun bist du halbnackt;
Der Herbststurm blies in deinen Scheitel
Und deinen Schmuck; die goldenen Blätter
Wälzt nun wogend der Odem des Sturms.

Die schwarzen Äste starren traurend,
Ihrer Decke beraubt, in die Luft.
Dich flieht der Sperling, denn du bist
Ihm nicht mehr Hülle gegen den Sperber.

Christian Friedrich Daniel Schubart

Autoren

Günter Kunert
geb. 1929 in Berlin, 1946/47 Graphik-Studium an der Hochschule für angewandte Kunst in Berlin, 1947 erste Gedichte, Förderung durch Johannes R. Becher und Bertolt Brecht, seit 1950 regelmäßige Veröffentlichungen von Gedichten, Prosa und Reiseberichten sowohl in der DDR als auch in der Bundesrepublik. 1979 verlässt er die DDR und zieht nach Itzehoe um. Kunert gilt als einer der vielseitigsten und bedeutendsten deutschen Gegenwartsschriftsteller. Seit 2005 ist er Präsident des PEN-Clubs deutschsprachiger Autoren im Ausland.

Mark Döser
geb. 1957 in Schwäbisch Hall. 1984–88 Grafik Design Studium an der Fachhochschule für Gestaltung in Schwäbisch Gmünd, seit Anfang der 90er Jahre freischaffender Grafik- und Fotodesigner. Er lebt und arbeitet als Naturfotograf, Landschaftsmaler und Musiker in Wolfegg im Allgäu.

Impressum

Bibliografische Information der Deutschen Bibliothek

Die Deutsche Bibliothek verzeichnet diese Publikation in der Deutschen Nationalbibliografie; detaillierte bibliografische Daten sind im Internet über http://dnb.ddb.de abrufbar.

ISBN-10 3-8319-0260-7
ISBN-13 978-3-8319-0260-6

Text: Günter Kunert
Fotos: Mark Döser
Gestaltung:
Büro Brückner + Partner, Bremen
Druck: Girzig + Gottschalk, Bremen
Bindung: S. R. Büge GmbH, Celle

Quellennachweis

S. 6: Günter Kunert. Originalessay
S. 26: Rainer Maria Rilke. Essay über Worpswede. Aus: Helga Volkmann. Unterwegs nach Eden, Göttingen 2000
S. 35: Friedrich Hölderlin. Die Eichbäume. Aus: Conrady. Das große deutsche Gedichtbuch, München 1995
S. 41: Johann Wolfgang von Goethe. Sag ichs euch, geliebte Bäume. Aus: Bäume – Sinnbilder des Lebens, Hamburg 1994
S. 44: Gott pflanzte einen Garten Eden. Aus: Die Bibel: Das Buch Genesis 2, 8–9
S. 51: Theodor Däubler. Die Buche. Aus: Bäume – Sinnbilder des Lebens, Hamburg 1994
S. 56: Wilhelm von Humboldt. Brief an eine Freundin. Aus: Das Insel-Buch der Bäume, Frankfurt am Main 1980
S. 61: Rainer Maria Rilke. Herbsttag. Aus: Das Buch der Bilder: Sämtliche Werke, Frankfurt am Main 1975
S. 71: Wilhelm Müller. Der Lindenbaum. Aus: Bäume – Sinnbilder des Lebens, Hamburg 1994
S. 77: Wiener Genesis aus dem 11. Jahrhundert. Aus: Helga Volkmann. Unterwegs nach Eden, Göttingen 2000
S. 78: Christian Friedrich Daniel Schubart. Die Linde. Aus: Das Insel-Buch der Bäume, Frankfurt am Main 1980